DU

SUFFRAGE

UNIVERSEL

PAR

M. CH. DE LAVAL D'ARLEMPDE

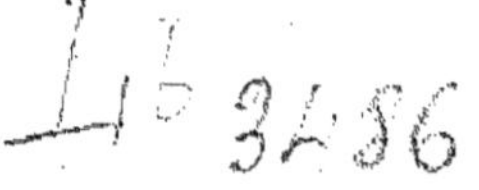

ROANNE, IMPRIMERIE CHORGNON

Avril 1872

DU

SUFFRAGE UNIVERSEL

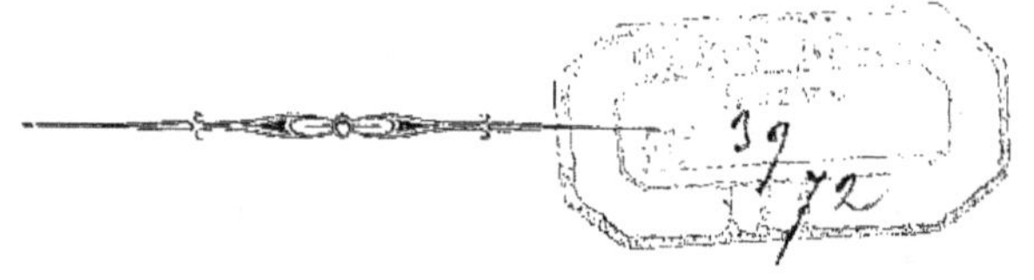

De toutes les questions qui sollicitent le plus notre attention, par les passions qu'elles soulèvent autour d'elles, dont l'effet est toujours de dénaturer l'importance et la valeur des idées qu'elles représentent, celle-ci est une certainement des plus controversées. Les dissidences qui nous divisent ont amené sur ce point une telle confusion, que le problème paraît de prime à bord impossible à résoudre. Pourtant, je dois le dire, la question est en elle-même si simple, que c'est souvent faute de remonter aux vrais principes, qu'on cesse de s'entendre, en entraînant les débats loin du domaine de la philosophie dans celui des divisions, qui sont toujours le fruit de la fureur des partis.

Dans cet ordre d'idées pas plus que dans tout autre, je ne prétends me faire le courtisan des masses, pas plus qu'il n'entre dans la nature de mon caractère de l'être jamais d'aucun. Malgré une grande sincérité de langage, j'espère conserver toujours mon respect et ma sympathie pour les hommes de mon temps, en me réservant une entière indé-pendance pour flétrir les institutions qui entravent la marche du progrès et de l'intelligence de la nation, dût l'ostracisme qui atteint souvent les caractères libres me frapper et m'atteindre un jour.

J'ai depuis trop longtemps appris le mépris de l'outrage, pour n'en chérir que davantage la liberté, sans subordonner ma conviction à la manière de voir de tel ou tel, pour ne la faire relever que des seules déterminations de ma conscience.

Aussi, dans l'étude que je me propose de développer dans les pages subséquentes, n'ai-je qu'un but : démontrer à ceux qui liront ces lignes que le suffrage universel est un droit imprescriptible, inhérent à notre nature, mais qu'il convient d'organiser pour les besoins de la société, sans penser le supprimer.

Arriver à mon but sera chose facile, s'il m'est donné de remonter à l'origine philosophique de l'idée, établir que c'est un droit qui nous vient de Dieu et, en affirmant ainsi sa valeur, chercher avec les économistes comment il convient d'en assurer l'exercice public, en établissant ainsi qu'il constitue un des droits primordiaux de notre nature humaine et sacrés par conséquent.

Pour peu que l'esprit réfléchisse sérieusement, n'est-il pas évident, en effet, que, de toutes les puissances de l'âme, la puissance judicative ou la raison est certainement le plus beau des attributs donnés par Dieu à l'homme en partage ? Grâce à cette faculté il délibère, par elle il conçoit, il opère.

Supprimez ce droit, vous supprimez du même coup la liberté, car vous supprimez un droit, vous anéantissez par conséquent un devoir correspondant au libre exercice de ce droit, l'un ne pouvant exister sans l'autre, et d'un seul mot alors l'homme cessera d'être une personne, un agent moral, et comme conséquence vous substituez à ce premier état naturel le règne de la violence, par lui la révolution et le chaos.

N'est-ce pas le cas de citer ici à l'appui de mon opinion celle d'un grand philosophe de l'antiquité resté longtemps ignoré, quand il dit : « Aussi bien, en matière de libre arbitre, si c'est abdiquer la raison que de fermer les yeux à la lumière des conséquences, c'est abdiquer la conscience et tenter l'impossible que de chercher à décliner l'évidence des principes; ou il faut renoncer au sentiment de l'existence, ou il faut convenir que ce sentiment est inséparable du sentiment même de la liberté. Savoir qu'on est, n'est-ce pas savoir qu'on est libre ? Savoir qu'on dit je ou moi, n'est-ce pas savoir qu'on est un être pensant, une personne en possession de ses actes, et porter ainsi une affirmation irrésistible de liberté ? »

En quoi consiste donc le plus bel apanage de notre humanité ? Si j'ai bien saisi le sens de l'argument précédent, évidemment il est réellement renfermé dans le pouvoir de choisir. Ne semble-t-il pas résulter de cet exposé que si vous venez à abolir le droit de délibérer ou de choisir, car délibération ou choix c'est tout un, et dire que ces deux facultés ne sont pas à notre pouvoir, c'est nier en même temps le pouvoir de vouloir ou la liberté.

Se déterminer vers le bien ou le mal en vertu de ce mouvement de l'âme qui nous porte vers ce que préfère la raison, voilà précisément en quoi consiste le choix, voilà aussi en quoi consiste la liberté ; être libre de la sorte, c'est donc réellement être homme, car être homme, c'est être à soi-même la cause et le commencement, en un mot le principe des actes qui s'accomplissent par soi; c'est être un homme libre, que d'être l'auteur de ses propres déterminations et de ne tenir aucun des actes de sa propre détermination que de son seul jugement, d'où il résulte que ceux qui n'obéissent qu'aux ordres aveugles d'un parti, qui imposent à leur conviction une manière de vivre particulièrement en dehors de l'approbation de leur conscience, à laquelle ils la soumettent pour favoriser les tendances d'un ensemble de citoyens, cessent volontairement d'être des hommes, par conséquent libres, pour n'être plus que les vils instruments des fureurs d'un parti; ils cessent de porter le cachet de supériorité dont les a revêtus la divinité, pour s'assimiler en ressemblance aux animaux inférieurs, eux qui n'ont pas le pouvoir de s'abstenir des opérations qui procèdent de ce besoin de délibérer, découlant invariablement de cette faculté de raisonner inhérente à notre nature, ainsi que je viens de tenter de l'établir.

Mais cette idée de choix dépend de celle de vertu, ou de la tendance naturelle de se déterminer pour le bien, en vertu de cette axiome providentiel commandé à l'humanité tout entière: « Ne fais pas à autrui ce que tu ne voudrais pas qui te fût fait à toi-même. » Cette idée elle-même implique évidemment celle de prudence; celle-ci nous conduit à la pratique du bien ou à l'étude de celle de la science, de ce qu'il faut faire ou de ce qu'il faut éviter. Or, admettre qu'une personne soit dans l'obligation d'obéir aux sollicitations d'un parti, n'est-ce pas admettre l'exclusion de toute prudence humaine, subordonner sa sagesse à celle des autres? C'est nier la conséquence des prémisses énoncées ci-dessus et qui découlent des principes primitivement énoncés.

Or, à ces sophistes qui prétendent n'admettre que leurs préceptes sans contrôle, et simplement parce qu'on fait partie de leur coterie, nous leur répondrons que leurs actes répudient la souveraineté du peuple, que leurs livres proclament si haut. Car on est uniquement maître, en effet, que de ce qu'on a le pouvoir de faire, et subordonner son pouvoir inné à une action étrangère, c'est s'avouer inférieur ou esclave.

Mais, nous objectera notre adversaire, tout ici bas se régit par des lois; nous lui répondrons qu'avant d'aller plus loin, il s'agit de savoir si ceux qui font les lois ont le droit de les faire contraires à la volonté des masses qu'elles doivent gouverner, et s'il leur est loisible d'en édicter *motu proprio* une seule qui tente d'abolir le libre pouvoir humain, au moment même où ils prétendent hautement le conserver.

Comme vous le voyez déjà, nous voilà descendu des hauteurs de nos abstractions psychologiques dans le domaine pur de la morale sociale, ou de la théorie dans la pratique, voyons donc comment la métaphysique se trouve jointe à la psychologie, quelle en est la transition.

L'histoire, si vous la consultez, vous apprend que les peuples les plus libres sont ceux qui ont le plus complétement joui de leur faculté judicative, exercé dans la plénitude de leurs droits les attributs dont elle se compose.

La faculté de choisir a dû naturellement porter les hommes associés entre eux à se choisir des représentants pour appliquer, au nom de tous les membres qui la composent, l'opinion la plus généralement acceptée par les masses. Cette nécessité de nommer des mandataires s'est appelée l'élection.

Les peuples les plus libres sont donc ceux qui sont appelés à appliquer le plus souvent leur faculté de juger, à faire en toute circonstance usage de leur intelligence, à développer leur raison pour donner satisfaction soit à des intérêts privés, soit à des intérêts publics. Aussi, non-seulement ceux-là nomment-ils des gens pour composer les lois et pour les représenter, mais ils élaborent les lois dans leurs comices, afin de se rendre bien compte, par un examen sérieux, si leur application est propice ou défavorable au développement de leur société, et, une fois acceptés, vous les voyez donner pareillement leurs suffrages à des juges temporairement élus pour les administrer, car ils tiennent pour certain que rien n'est inamovible ou immuable sur la terre, que ces idées impliquent en elles-même celle de stagnation contraire aux lois générales du progrès, dont l'intelligence et la raison nous accusent chaque jour davantage la certitude et l'existence. Il reste évident, pour l'homme qui pense, que l'organisation d'une institution inamovible naît d'une idée de despotisme ou tyrannie qui l'engendre et qu'elle fortifie, car elle implique celle de suggestions passives aux ordres de cet être impersonnel qu'on nomme l'Etat ou le Gouvernement, aux dépens de l'individu et de la famille dont elle soumet les droits à des agents ne relevant que de lui, et qu'envisagée ainsi, elle est en complète contradiction avec les données les plus élémentaires de notre raison, consciente par l'étude et de son origine et de l'étendue de ses droits.

Les sociétés anciennes avaient bien compris l'importance de ce droit quand elles instituèrent le plébiscite, et pourtant l'éducation, à l'époque où le fonctionnement du plébiscite florissait, était loin d'atteindre, à Rome et en Grèce, le niveau qu'elle atteint aujourd'hui parmi nous.

Il faut remonter à l'an de Rome 261 avant Jésus-Christ pour retrouver l'origine du plébiscite. La loi sacrée, considérant que l'union des citoyens ne devait être atteinte par quelque motif que ce fût, rendit aux plébéiens une part égale d'autorité dans les assemblées dont ils avaient été privés depuis longtemps. Ce pouvoir leur fut même accordé sans que les patriciens fussent admis dans leurs assemblées. Ces prérogatives leur furent confirmées maintes fois, par la loi Icilia d'abord, laquelle leur assurait pour cet usage la possession du mont Aventin, concession reconnue plus tard par la loi Térentilla, en 293.

Bien que l'égalité légale ne fût pas proclamée dans les républiques, le peuple néanmoins y exerçait la puissance législative. Si les sénateurs avaient le droit d'arrêter son effet, on peut dire qu'ils n'en usaient jamais. Le droit de plébiscite relevait certainement de la souveraineté populaire, et même plus d'une fois il fut permis par ce moyen d'appeler au peuple des ordonnances des magistrats.

Aussi voyons-nous, en vertu de ce principe une fois accepté, la promulgation de la loi valérienne consacrer l'appel au peuple contre les ordonnances des conseils qui mettraient en péril la vie d'un citoyen. Celle-ci nous apprend encore que nul conseil ne pouvait prononcer une peine capitale contre un citoyen romain sinon par la volonté du peuple. Enfin, au peuple était encore réservé le droit d'autoriser un citoyen à entrer dans la famille d'un autre. Il fallait une loi curiate, avant que cette autorisation fût devenue une affaire de pure forme, décrétée par l'intervention du peuple tout entier assemblé dans les comices.

En Grèce, les condamnations à l'ostracisme étaient encore réglées à l'aide d'un plébiscite.

Les peuples dont je parle étaient à ce point jaloux de l'exercice de ce droit qu'il nous reste encore un procès de l'avocat Isié en faveur d'un citoyen nommé Euphilétos, tendant à réclamer contre la décision d'un dème ou conseil de la commune des Archéiens, qui, lors de la révision des listes électorales, l'avait effacé de la liste et dépouillé de ses droits civiques.

Comme on le voit, le peuple devenait, grâce à cette institution, magistrat, immiscé ainsi aux plus hautes charges; l'accomplissement de cet acte était pour lui un stimulant qui le poussait à acquérir la considération et le mérite convenables pour l'exercice de ces fonctions, excitait les plus nobles passions de l'individu par la pensée qu'elle mettait au cœur de chacun d'apprendre à apprécier le mérite personnel de tout citoyen appelé à capter annuellement les suffrages de gens éclairés.

L'époque où Rome et Athènes furent ainsi gouvernées fut la période glorieuse de l'histoire des deux pays. Elle était bien la patrie de tous, celle que chacun était appelé à diriger; aussi, quelle énergie dans la défense; le contraste est frappant si on compare cette période héroïque avec celle qui vit l'anéantissement de ces libertés au profit d'une légion de rhéteurs et d'avocats, préoccupés de tout brouiller, de tout diviser pour gouverner seuls. Athènes succomba la première, en infusant dans le cœur de son émule et sa rivale les germes du mal qui devaient l'anéantir un jour.

En vain les empereurs romains tentèrent-ils de réveiller l'esprit national déjà fort assoupi, soit qu'ils n'accordassent qu'incomplétement les libertés civiles, soit que, par crainte ou tout autre motif, ils n'osassent pas restituer les libertés politiques. La gestion des affaires resta malgré leurs efforts au pouvoir de ces orateurs habiles à dissimuler sous des paroles vagues ou sonores leurs véritables pensées ou la stérilité de leur intelligence. Quoiqu'il en soit, le peuple, désintéressé de la chose publique, s'abandonna à l'indifférence, et se rejeta par compensation sur les passions les plus honteuses et la débauche ; en voulant s'étourdir sur la suppression de ses droits méconnus, il devint esclave ; d'émeutes en émeutes, de révolutions en révolutions, il arriva enfin à cet état de décadence qui engloutit l'empire romain.

Enfin, pour ne remonter qu'à nos propres annales, tout citoyen avait part à la confection des lois ; elles étaient revêtues de l'assentiment populaire. Comment le roi, premier magistrat du pays alors, surveillant en personne les assemblées où se rendaient les arrêts, afin d'éviter que la passion ou la vénalité ne portât les juges à commettre des injustices qui pussent soulever le mécontentement public et compromettre la tranquillité de l'État, en est-il venu à l'absorption du droit de chacun et à faire rendre désormais la justice en son nom ? Voilà le problème que peut seule résoudre l'histoire, dont le développement n'est pas de mise ici.

Qu'ont donc à gagner les chefs du pouvoir de repos ou de grandeur, avec ces administrations dont ils s'entourent, sinon d'assumer sur eux seuls la responsabilité de toutes ces gestions si souvent mauvaises, dont ils sont presque toujours passivement les auteurs ? En se réservant ainsi le rôle odieux d'en punir les excès pour conserver, au péril de leur ambition personnelle, ils risquent le salut de tous pour consacrer ainsi une usurpation des droits de chacun.

Si, par l'usurpation, le droit a disparu un temps, il n'a pas pour cela cessé d'exister ; le sentiment en reste profondément gravé dans l'esprit de tout penseur, car tout droit est insaisissable, la réflexion nous en donne également l'assurance.

Mais si, comme il vient d'être démontré, l'idée d'élection renferme celle de détermination personnelle, elle n'exclut pourtant pas celle de réunions collégiales où discuter en public la valeur du mandataire à choisir, pour prendre l'élu représentant le mieux les opinions collectives du collége. Il faut admettre que le choix se porte sur un sujet recommandable par l'honorabilité de son caractère, l'étendue de ses connaissances ; il importe que l'électeur possède un cœur libre, c'est-à-dire ne relève que de sa conscience, sans s'abandonner absolument à la pression d'aucune influence dirigeante, afin que ce ne soit pas l'opinion d'un maître qui soit représentée par les votes multiples de ses subordonnés.

Notre activité n'a pas encore à s'exercer dans le choix de nos magistratures judiciaires, et bien que l'indifférence qu'apportent dans des opérations de ce genre des gens à moitié libres soit grande, complétons cette étude par l'exposé des caractères que devra revêtir l'élu du suffrage.

Sur ce point, les théories les plus incroyables se sont produites. Les uns, n'écoutant que l'esprit de parti, sans remonter au principe qui sert de base au droit d'élection, veulent que l'élu fasse l'abandon complet de sa personnalité, de son intelligence, au profit de la coterie dont il a su réunir les suffrages, d'où le mandat impératif. Les autres prétendent lui réserver son entière indépendance; je crois la vérité placée entre ces deux alternatives.

Etant donc une fois admis que chacun a le droit de voter, ne convient-il pas d'étudier maintenant la méthode à employer pour organiser ce droit? En effet, comment admettre que les incapables, ou ceux que la loi punit de mort civile, participent à l'élection des administrateurs d'une société, dont leur imbécillité ou leurs crimes les tiennent éloignés? Comment admettre davantage que chacun puisse voter inconsidérément dans toutes les différentes localités du même pays où le hasard le place momentanément? Comment penser que sa volonté va se résoudre impartialement en faveur d'un mandataire représentant des intérêts qui lui sont complétement étrangers.

Ces quelques considérations, qu'on pourrait multiplier davantage, suffisent pour nous faire sentir le besoin d'une organisation quelconque, conforme pourtant aux lois de la morale, c'est-à-dire aux lois qui règlementent les rapports des droits et devoirs de tout citoyen.

Dans le passé, et cette loi me semble sage, il fallait être reconnu citoyen d'une commune, d'une province, pour y prendre part au gouvernement de la chose publique. Tout droit s'acquitte et s'achète au moyen d'un impôt au profit du pays où il s'exerce. Celui-ci délivre à tout citoyen une reconnaissance, moyennant un prix convenu dont l'impôt garantit à chacun l'exercice en permettant au budget par ce moyen de solder ses charges. Il me paraît juste de voir chacun voter dans le lieu où sont représentés ses intérêts, où il a pu par conséquent faire l'échange pécuniaire pour la prise de possession du contrat qui l'autorise à l'exercice de son droit de citoyen.

Mais une autre sanction plus morale encore que la première serait de ne voir représentés aux élections que les chefs de famille. Est-il rien de plus immoral, en effet, et par conséquent de plus opposé à la grandeur véritable d'un pays que de voir sans cesse, à propos de questions de personnes, les familles répudier une même communauté d'intérêts et d'affection, donner le spectacle affligeant et dégradant d'une déplorable division de sentiments à propos d'élections de personnes; de voir ainsi le père prôner l'élection d'un représentant, et son propre fils marcher sur ses menées pour le contredire, et ne pas même s'arrêter 'le plus souvent aux dernières limites du respect le plus légitime et le plus rudimentaire, tant la passion qui agite les partis aveugle le plus souvent et les esprits et les cœurs?

Si je ne me trompe, ce fut là un des priviléges de la loi juive, qui ne contribua pas peu à fortifier ce peuple au milieu des traverses et des luttes qu'il eut à supporter, que cet immense respect qu'on y sut conserver à l'autorité du père de famille chez tous les membres qui composaient son agrégation. Aussi, les conseils de la nation ne s'y composaient-ils jamais que des soixante chefs les plus anciens, choisis parmi les plus anciennes familles, les plus distingués par leur personne ou les plus recommandables par leurs lumières; voilà comment et à qui les Juifs confiaient le périlleux mandat d'administrer la chose publique, et l'on peut ajouter, à la louange des administrés et de leurs élus, que nul n'avait à s'en plaindre alors.

Ce respect de la famille est en effet le caractère distinctif des grandes nations. Athènes et Rome doivent à ce sentiment leur grandeur passée, et, ce qui assura à cette dernière sa suprématie sur sa rivale, c'est qu'il ne fut pas ici tout ce qu'il était là, et qu'il n'avait pas dans sa sphère et son domaine la même plénitude d'autorité et de responsabilité. Tant que Rome conserva l'intégrité de ce sentiment, elle conserva sa splendeur et sa gloire; son génie rayonna sur le monde et lui assura une puissance si grande qu'il fallut une soumission longue qui, la plongeant insensiblement par l'indifférence civique dans la débauche, précipita enfin sa chute.

Nulle institution ne venait alors contrarier l'autorité du père de la famille, tant que le respect dû à son pouvoir ne fut pas battu en brèche par des procès scandaleux qui minaient dans le cœur des enfants le respect dû à ses décisions souveraines au centre du foyer. Le peuple qui se modèle sur les grands, témoin de la puissance de cette volonté dans ses chefs, les respecta de même tant qu'il crut à la sainteté du principe ; il apprenait de bonne heure, par la pratique de l'obéissance, à commander plus tard, et s'expliquait comment pour être chef un jour il faut savoir obéir d'abord.

Et si de notre temps nous nous prenons à envier le gouvernement de l'Angleterre, notre ancienne rivale, n'allez pas chercher d'autres causes ailleurs ; la véritable, c'est qu'elle a su garder intact ce sentiment de l'autorité et de la famille, et qu'aucun courant d'idées subversives n'a pu le bouleverser ni l'abattre, car les idées mensongères viennent se briser contre le grand principe moral de régénération sociale.

Les agitateurs vulgaires ne sont pas capables de donner aux partis qu'ils prônent une plus grande somme de libertés qu'on en possède là. Si un jour le vaisseau vient à sombrer, c'est que là, comme à Athènes, à Rome, à Venise, à Gênes, en France et en Chine, la magistrature aura cessé de respecter un sentiment qui fait la base du pouvoir, en soumettant à son contrôle ce principe dont elle procède et qui n'en relève pas par conséquent ; elle aura, là comme partout, opéré son œuvre de destruction, en affirmant l'immoralité de ses prétentions, ne laissant plus, après le principe tombé, de place qu'au sophisme ou à des théories purement idéales qui, n'ayant plus pour fondement la morale, ne sont plus qu'une dérivation maladive de l'intelligence se déterminant en dehors des lois de la prudence, c'est-à-dire de la raison, dont l'application ou le raisonnement ne saurait subsister en dehors des principes que la philosophie nous révèle.

Aussi, de nos jours, voit-on, en dehors des données émanant de la source précitée, les esprits les plus éminents de l'époque demander la solution du problème aux plus incroyables combinaisons, celles que le bon sens public repousse certainement avec le plus d'énergie.

Une des principales solutions qui se présente consiste à régler le droit sur le cens. Ma raison comprend bien que l'exercice d'un droit soit sujet à une mise à prix convenue ; mais à coup sûr elle ne saurait accepter cette solution que je sois évincé ou mis dans telle ou telle catégorie parce que le malheur m'a fait naître dans telle ou telle condition. Ne dirait-on pas, suivant une expression de M. Royer-Collard, que les auteurs de cette proposition pensent qu'il y a eu imprudence, le jour de la création, de laisser l'homme s'échapper intelligent et libre au milieu de l'univers, car cette exclusion du suffrage universel ne tendrait à faire du pauvre, par la privation de son droit et par le seul motif d'absence de biens, un troupeau d'êtres humains sans individualité, sans physionomie propre, devenus ainsi, isolément ou collectivement, la chose de leurs concitoyens, en leur laissant l'unique soin de vaquer aux seuls besoins de leur existence purement matérielle, en leur fermant tout accès à ce qui constitue la vie sociale et intellectuelle.

Aussi, en vertu des principes susénoncés, tout mandataire, au lieu d'obéir aveuglément à l'esprit du parti qui l'a mis au pouvoir, doit-il conserver son indépendance complète vis-à-vis de toute pression de ses électeurs et ne donner son consentement qu'à des lois qui sauvegardent les intérêts de tous, ouvriers et patrons, propriétaires et colons, producteurs et consommateurs, et abstraire les points qui les divisent pour n'établir que des intérêts généraux qui établissent clairement la solidarité de tout citoyen pour la bonne direction de la chose publique, conformément aux principes reconnus. Faute d'en agir ainsi, vous créez des lois d'exception, si tant est qu'on puisse conserver ce nom à des règlements conçus contrairement à ces données. Pour en apprécier la valeur, écoutons ce qu'en disait, en 1820, Royer-Collard : « Les lois d'exception sont des lois usuraires qui ruinent le pouvoir alors qu'elles semblent l'enrichir. »

Voilà comment il faut en agir pour rester dans la vérité, car, où la puiser ailleurs que dans le sanctuaire de sa conscience ? La prendrez-vous en effet dans ces feuilles populaires, écrites à dessein par des talents mercenaires, tentés d'exagérer les récriminations des partis afin de mieux paraître mériter leur salaire, dont le faux semblant de dévouement trompe tout le monde.

Tel doit être le caractère d'un mandataire; je ne crois pas qu'il puisse aller plus loin, je ne crois pas que l'égalité puisse atteindre un niveau plus extrême.

Aujourd'hui où l'on parle beaucoup d'émancipation des classes laborieuses, il est facile, je crois, de faire de la popularité; mais la flatterie n'est pas mon fait, et ici comme ailleurs je tiens à rester maître de ma pensée.

D'abord qu'appelle-t-on égalité, dans le véritable sens du mot ? Un homme qui se doit peut-il être l'égal de celui auquel il se doit ? Non. Ce qui constitue l'égalité, c'est l'indépendance, et le subordonné n'est pas l'égal de son patron, premier point sur lequel ses habiles enjôleurs l'abusent.

Mais le peuple, j'aime mieux le croire, se trompe rarement aujourd'hui à de telles fictions, il sait bien que ceux qui s'occupent de ses intérêts ne sont pas des siens, il s'en applaudit parce qu'ils le feraient mal. S'il cède parfois à celui qui marchande son vote, il sourit toujours de pitié, même quand il se vend, ne songeant qu'au bénéfice momentané ainsi réalisé. Il ne tarde pas à s'apercevoir, le lendemain du jour où il a cessé d'être utile, qu'il retrouve devant lui un patron dont il n'est plus l'égal, après s'être demandé pourquoi celui qui lui commande aujourd'hui était si plat hier et si hautain le lendemain, il s'aperçoit trop vite qu'on l'a fait roi d'un jour pour mieux l'abuser et surprendre sa bonne foi tout entière ; mais il se console avec cette pensée que, dans le contrat ainsi consommé, l'obligeant reste aussi vil que l'obligé, car tous deux ont fait marché d'une chose qui ne doit pas être vénale, la conscience.

Pensez-vous donc qu'il puisse continuer longtemps à croire à cette égalité mensongère dont vous le bercez, factieux, que l'ambition aveugle et qui détruisez si vite dans celui que vous prétendez gouverner la foi que vous réclamiez naguère dans la valeur de vos mérites, et qui ne voyez pas que, le bandeau tombé, il ne vous restera plus qu'une arme pour contenir la fureur de ce peuple désillusionné, dont vous vous serez fatalement fait un adversaire terrible, la force ? Ah ! je ne vous plaindrais pas de n'avoir que cette ressource, si l'existence et les intérêts de ceux qui ne croient pas à l'efficacité de vos tristes moyens ne se trouvaient à la fois compromis, car vous n'auriez que la juste punition de vos fautes.

C'est en s'élevant par son propre travail que la classe ouvrière doit grandir ; c'est en s'efforçant d'exister par sa propre force, en subissant la loi générale des grands principes d'ordre et d'économie, qu'elle conquerra cette dignité de caractère nécessaire à l'exercice de ses devoirs de citoyen ; que, loin de s'égarer sur leur valeur, chacun s'empressera de le considérer comme une des plus lourdes charges de son existence, en se rendant un compte exact de toute la responsabilité qu'il comporte.

Mais il faut suivre la société dans son développement, me dira-t-on, et ne pas devancer l'heure obligée de chaque institution. Outre qu'une société ne marche jamais à sa guise en dehors de certains principes connus, sans péril pour chaque constitution, sans leur secours éphémère, je soutiens que la doctrine émise ici est bien le corollaire de la révolution qui nous a vus naître.

Toutes les révolutions ont pour cause un but unique, la recherche du bonheur ; dans le mouvement qu'occasionne cette préoccupation constante, les peuples tournent invariablement toujours autour des mêmes idées : tantôt la société mène la chose publique, le bonheur public se fonde alors sur le libre développement des facultés individuelles ; tantôt l'État prétend maîtriser la société, et régler pour chacun la dose de ses droits. Le premier est un gouvernement libéral ; le second représente le communisme dans sa forme idéale, ou l'asservissement des masses au despotisme des gouvernants. A chacun de ses retours, l'idée dominante profite des bienfaits de la science acquise pendant les siècles écoulés avant l'époque de sa réapparition : mais soit que les éléments dont elle se compose soient incomplets, ou que les éléments hétérogènes de la société en décomposition, mêlés à l'origine de son enfantement, l'aient empêché de se perfectionner, il n'en reste pas moins avéré que chaque constitution, par le fait de son existence humaine, se trouve frappée de déchéance et renferme fatalement, dans sa composition, des germes mortels de décomposition, qui se développeront forcément sous l'influence de moyens excessifs dont son application nécessitera un jour ou l'autre l'emploi. Voilà pourquoi le genre humain, nouveau Sisyphe, est sans cesse condamné à remonter son éternel rocher qui redescend toujours.

Mais du moins paraît-il plus probable qu'en essayant, une forme de gouvernement sur les données supérieures de la morale, il reste une plus grande chance de lui donner une vitalité plus grande et plus complète.

Il faudrait des volumes pour raconter la transformation

de notre société barbare, mais libre, au milieu des débris
de cette société gallo-romaine, sur lesquelles elle venait
s'asseoir victorieuse. Dire comment la royauté y devint
héréditaire, consacrant par son usurpation l'hérédité de la
noblesse , en centralisant autour d'elle les institutions
qu'elle prétendait dorénavent faire relever de son autorité
propre , au mépris de la liberté de tous; comment la
noblesse tenta de s'affranchir, pour secouer la chaîne de
l'hommage-lige, qui la liait à l'Etat par la possession de
son fief, et qu'il sortit de cette lutte l'émancipation de la
bourgeoisie pour contrebalancer ce mouvement révolution-
naire des hauts seigneurs féodaux, demanderait des dé-
veloppements en dehors de ce cadre modeste; et, s'il fallait
démontrer comment la royauté fit un retour vers les institutions du passé pour mieux assurer son œuvre en éman-
cipant les communes ; puis comment, à l'aide d'un retour
adroit, par la finesse et la ruse, elle sut enchaîner à son
char cette bourgeoisie émancipée en flattant à la fois et son
orgueil et sa vanité, puis compléter l'œuvre plus tard en
abaissant l'épée devant la robe, et asseoir à ce point son
pouvoir suprême, qu'un ministre, parlant à Louis XIV, osait
lui dire que les personnes et les biens de ses sujets lui
appartenaient aveuglément, serait un travail gigantesque ;
mais il faudrait terminer ce récit par montrer comment le
système de centralisation, arrivé à l'excès, en vient à pré-
cipiter la chute d'un échafaudage aussi bien agencé.

La prodigalité d'un gouvernement toujours contraint de
frapper l'admiration des masses, pour les séduire par le
prestige et mieux assurer son empire, amena la gêne de nos
finances ; l'esprit philosophique prit naissance au milieu de
cette alternative de victoires et de défaites dispendieuses,
de créations ruineuses ; orateurs et avocats, se mirent à
fronder ce qu'ils ne pouvaient contenir. La proclamation de
la liberté de conscience amena bientôt celle de la proclamation des droits de l'homme, et qui résuma en elle seule

ce qu'on est convenu d'appeler depuis les immortels principes de 89.

Ces immortels principes, la noblesse les a accueillis comme elle devait le faire. Au nom de cette proclamation des droits de chacun, elle a fait l'abandon de ses droits seigneuriaux ; elle a fait volontairement le sacrifice de ce que tous appelaient des abus, pour rendre à chacun sa liberté.

Mais de ces droits de l'homme, depuis, qu'en avez-vous fait? Bourgeois, vous vous êtes servis du peuple pour des conquêtes que vous prétendez faire tourner à votre seul profit ; prétendez-vous lui refuser longtemps l'usage de droits que son intermédiaire vous a conquis: ne voyez-vous pas qu'il est fatigué de tirer les marrons du feu pour vous seuls? Las de servir inutilement vos mauvaises passions, il vous redemande la jouissance d'un ordre social dont son abnégation vous a assuré les bénéfices. Si vous n'y consentez librement, il le fera violemment ; telles sont les menaces de l'Internationale.

Avez-vous donc oublié qu'à la glorieuse révolution de 1830 vous avez une autre fois donné votre sanction à cette idée révolutionaire. N'est-elle pas tout entière renfermée dans l'adresse des 221 en réponse au discours du trône, le 2 mars 1830? Elle est ainsi conçue : « Sire, la charte consacre comme un droit l'intervention du pays tout entier dans la délibération des intérêts publics. » Quel aveu et qu'avez-vous fait dans la pratique pour le consacrer? Dix-huit tentatives d'assassinat contre votre souverain vous ont prouvé que vous aviez tort alors.

Eh bien donc, puisque vous avez rompu avec une société dont les progrès s'effectuaient avec lenteur, mais avec méthode, c'était ce qui faisait sa force, car l'État obéissait alors aux règles de la mécanique, dont les lois affirment plus d'énergie aux mouvements lentement opérés. Vivez donc dans la société que vous avez créée, qui vous condamne à vivre dans un gouvernement livré aux ardentes convoitises de chacun, sans digues et sans freins.

Permettez-moi de vous le dire ici, vous avez agi, comme toujours, à l'instar de ces enfants gâtés que l'impunité encourage. Voyez ce petit enfant qui demande à manger cette belle figue violette ; son père la lui refuse en vain, sous prétexte que son palais déshabitué de cette saveur la rejettera bien vite avec dégoût ; en vain l'expérience veut-elle lui apprendre à goûter ce fruit délicieux lentement, en l'habituant insensiblement, l'enfant devenu impérieux par le succès la veut tout entière et de suite, avec d'autant plus d'énergie qu'il a été plus gâté jusqu'alors. Croyez-vous donc, pour le corriger, qu'il faille la lui retirer s'il vient à s'en dégoûter trop tôt, afin de la lui rendre au moment qui lui plaît ? Non ; il faut l'obliger à la mordre tout entière pour lui apprendre à goûter l'amertume de la désobéissance, afin que, devenu maître un jour, il sache éviter la fadeur que produit une gourmandise inopinément satisfaite.

Et puis, les soubresauts alternatifs qui marquent les diverses étapes de notre émancipation sont trop rapides pour que la société moderne puisse espérer en remonter le cours sans danger. Il s'agit donc de refaire une société nouvelle sur les débris exhumés de nos dernières convulsions. Vous connaissez les intentions de vos adversaires, ils demandent une place au soleil.

Personnellement, je crois qu'il vaut mieux répondre aux idées par le raisonnement et laisser les canons ; par eux on fait des martyrs et toujours l'on voit de leur sang sortir des milliers de prosélytes. Au fond de toute idée, quelque barbare qu'en soit l'expression, se cache une idée juste qu'il faut savoir distinguer, mais pour se mettre à sa tête et guider son avénement nécessaire, et non la brutaliser.

Il est une race d'hommes, sans passion de parti, qui

s'est, dans tous les temps, vouée à cette mission périlleuse. J'ai nommé la classe des économistes.

Ainsi que moi, à la tête des idées de leur temps, ils essayent de rapprocher des données de la morale philosophique, ils vont au-devant de l'esquif rapide qui entraîne le genre humain dans un courant souvent dangereux planter des balises sur la la route qu'il va parcourir, pour indiquer au nautonnier qui le dirige les écueils à éviter, le meilleur courant d'eau pour aboutir sans risques aux escales de la route. Si le bâtiment est contraint de stopper en route, c'est qu'on n'a pas écouté l'avis salutaire de cet infatigable travailleur.

En résumé, ce travail terminé, il reste acquis que le suffrage universel porte en soi l'antiquité de son origine, que son institution constitue réellement le citoyen, parce qu'elle en fait un homme, que l'homme libre garde toujours bien l'Etat qu'il considère comme son foyer. N'oublions pas cette vérité dont l'évidence s'impose à nous, c'est que l'histoire d'un peuple repose également sur les lois naturelles et se compose d'une nécessité absolue de faits dans lesquels la balance penche toujours du côté du progrès moral et intellectuel. Ceux-ci constatent l'existence morale dans les destinées des peuples. Nous pouvons donc constater par ce qui précède que l'idée que je développe ici est devenue nécessaire, que la raison et le besoin des temps nous font une loi de son institution destinée à devenir le palladium de nos libertés actuelles, de notre régénérescence à venir et la dernière sauvegarde enfin de notre nationalité si compromise.

Ch. DE LAVAL D'ARLEMPDE.

Roanne, imp. Chorgnon.